RÉPERTOIRE COMPLET

DES

ARMOIRIES MUNICIPALES

des Chefs-lieux de Départements, d'Arrondissements et de Cantons

Établi et publié

D'APRÈS LES DOCUMENTS OFFICIELS ET HISTORIQUES

ET PRÉCÉDÉ D'UN

Armorial des Anciennes Provinces Françaises

par

Le Cte HALLEZ D'ARROS & ROGER DE FIGUÈRES

Membres du Conseil Héraldique de France

INTRODUCTION

BUREAU ET ARCHIVES DE L'ARMORIAL DES VILLES DE FRANCE

16, Rue de Berlin, 16. — PARIS

1902

Introduction

En notre siècle égalitaire, depuis que sont tombées en désuétude toutes les institutions officielles ou sociales qui réglementaient les privilèges de la noblesse et le droit au port des armoiries, il est curieux de constater qu'à aucune époque de notre histoire, l'opinion publique ne s'est intéressée avec autant de goût pour les marques extérieures, affirmant des distinctions honorifiques personnelles ou collectives.

Sans parler de la course aux décorations, qui a pris des proportions grotesques, et souvent scandaleuses, jamais les prétentions nobiliaires, fausses ou vraies, l'emploi des titres, l'usage des armoiries et des livrées, ne se sont produits avec plus d'outrecuidante ostentation qu'aujourd'hui; jamais la bibliographie contemporaine n'a enregistré autant de publications qui, sous forme d'armoriaux, de nobiliaires, d'annuaires ou dictionnaires héraldiques, n'ont pour objet que de donner satisfaction à des vanités individuelles ou de familles.

Mais, par une singulière anomalie, l'histoire héraldique des villes, des communes et des corporations, n'a inspiré qu'un très petit nombre d'auteurs et de publicistes contemporains, et l'intérêt public paraît indifférent au blason des armoiries municipales, « *ces vieux titres de la noblesse du peuple !* »

Les seuls ouvrages sérieux qui aient été consacrés spécialement à cette question, remontent à plus de cinquante ans, et depuis, s'il a été publié un grand nombre de monographies locales et d'études plus ou moins savantes sur l'histoire des provinces, des départements et des municipalités, la description et la reproduction des armoiries purement géographiques et locales, n'a été l'objet d'aucun répertoire important et complet (1).

Les publications contemporaines spéciales à cette matière se réduisent à des tableaux gravés ou enluminés représentant, avec des ornements souvent fantaisistes, les seuls écussons des grandes villes, chefs lieux de département ou d'arrondissements.

Mais, si l'usage des armoiries municipales semble être un privilège dont paraissent jouir exclusivement les grandes cités, on ne peut contester le droit de revendiquer les leurs aux autres communes qui forment, dans la grande patrie française, autant de familles territoriales, ayant chacune son histoire, ses gloires anciennes et ses traditions.

A l'occasion de toutes les fêtes nationales ou locales, chaque fois qu'un motif quelconque de démonstration extérieure est imposé par l'opinion publique, les villes, qui en ont le droit traditionnel et séculaire, décorent leurs monuments, leurs places et leurs rues de leurs blasons légendaires, que connaissent tous les habitants du pays, et dont toutes les sociétés et corporations locales ornent avec fierté leurs bannières (2).

Il y a lieu toutefois d'observer à ce sujet : 1° que par suite d'erreurs de copies de documents anciens, ou de l'ignorance générale des règles et principes de l'art héraldique, la reproduction des armoiries des villes et communes présente souvent des inexactitudes et des irrégularités, dues aux artistes ou ouvriers chargés de peindre, de graver ou de broder ces emblèmes : 2° que beaucoup de municipalités, de petites communes ne connaissent pas les blasons auxquels elles ont des droits historiques, parce que l'usage en est tombé en désuétude pendant les périodes révolutionnaires..

Telles sont les considérations qui nous ont inspiré le projet de combler une lacune importante dans la bibliographie héraldique, en publiant un ARMORIAL DES VILLES DE FRANCE, recueil aussi complet que possible, donnant la description et le dessin des ARMOIRIES MUNICIPALES.

La réalisation de ce projet ne peut s'étendre, quant à présent du moins, à toutes les communes de France ; ce cadre serait trop étendu pour être l'objet de la publication que nous avons entreprise, et dépasserait le but d'intérêt public qui nous a inspiré.

Il est incontestable que beaucoup de petites localités, réduites aujourd'hui à l'état de bourgades, ou même de simples hameaux, ont eu, en d'autres temps,

---

(1) En publiant, en 1844, son *Dictionnaire géographique des villes de France*, Girault de Saint-Fargeau écrivait dans sa préface : « Les armoiries de nos cités n'ont été jusqu'à ce jour l'objet d'aucun travail sérieux, et, ce qui pourrait paraître surprenant, aucune collection spéciale n'en a été formée, ni avant, ni après la Révolution. »

A peu près à la même époque paraissait l'*Armorial national de France*, de Traversier, et son éditeur faisait observer « combien cet ouvrage avait nécessité de minutieuses recherches n'ayant aucun précédent que l'auteur eut pu consulter. »

(2) « Jamais l'usage des armoiries communales ne s'est propagé et n'a été autant dans l'usage : décoration des édifices publics, sceaux municipaux, vignettes et papiers de correspondance et d'affiches, insignes des officiers de la mairie et du corps de sapeurs-pompiers, écussons destinés aux fêtes et cérémonies publiques, bannières des sociétés de tous genres, etc. »

(Léon Germain, préface de l'*Armorial du département de la Somme*.)

un passé glorieux ; leur importance a dû s'effacer devant des nécessités géographiques ou administratives dans les répartitions nouvelles de notre territoire national, et l'étude de leur histoire et la description de leurs blasons ne présentent plus qu'un intérêt d'histoire rétrospective.

Nous avons donc cru devoir limiter le recueil que nous publions aux seules villes ou communes de France qui sont CHEFS-LIEUX DE CANTONS.

La décentralisation administrative, qui constitue un des caractères de nos progrès économiques, attribue de jour en jour plus d'importance aux subdivisions cantonales, dont les chefs lieux centralisent les intérêts collectifs de toutes les communes qu'elles comprennent, qui sont les sièges de leur justice de paix, là où se tiennent leurs foires et leurs marchés, les concours agricoles, etc. (3).

Or, les quatre-vingt-sept départements de France se composent de près de trois mille cantons ; la plus grande quantité de leurs chefs lieux possèdent des armoiries municipales, dont nous avons réuni la description, d'après des documents officiels, ou des indications historiques puisées à des sources authentiques ou dans les archives départementales.

Tout le territoire de la France, autrefois divisé en provinces, fiefs et seigneuries, peut revendiquer pour chacune de ses parcelles l'égide d'un blason particulier, qui, presque toujours ,s'est confondu avec l'écusson des souverains, des feudataires et des seigneurs qui en ont pris les noms.

Il est reconnu, en effet, comme principe héraldique, que le droit de faire usage d'un écusson, d'origine féodale, a toujours appartenu indivisément aux *états*, aux *provinces* et aux *municipalités*, en même temps qu'aux *familles* qui jouissaient des pouvoirs publics, judiciaires ou fiscaux, par droit de conquête, d'héritage, de concession ou d'acquisition.

Les villes de *Castellane*, de *Montmorency*, de *Chevreuse*, d'*Uzès*, de *La Rochefoucault*, etc., ont toujours conservé les armoiries que portent les illustres familles auxquelles elles ont donné leurs noms.

Ne devrait-on pas être amené à conclure de ce principe que, si les armoiries séculaires de France, *d'Azur à trois fleurs de lis d'or*, appartiennent à la maison royale de Bourbon fort légitimement, le droit d'en faire aussi usage ne devrait pas être contesté aujourd'hui au président de la République, qui détient légalement le pouvoir exécutif, et qu'en son nom ce blason séculaire devrait être resté le *sceau de l'Etat ?* (4)

---

(3) L'Almanach *Didot-Bottin* reproduit, depuis quelques années, dans sa partie consacrée à l'Alsace-Lorraine, les armoiries de toutes les villes, anciens *chefs-lieux de cantons*, perdus à la France par suite de l'annexion, en tête des colonnes de renseignements qui les concernent.

Ne serait-il pas désirable et logique que semblable illustration précédât les notices de toutes les villes de France ?

(4) Ces armoiries nationales ont en effet été illogiquement considérées comme appartenant exclusivement à la *monarchie française* : leur origine est bien antérieure, d'ailleurs, à l'avénement au trône de la Maison de Bourbon, et ce n'est que par une appréciation erronée, due aux passions et aux haines politiques, qu'elles ont été répudiées par les différents régimes qui ont possédé la souveraineté nationale depuis la chute de la monarchie.

Les *fleurs de lis d'or sur champ d'azur* constituent vraiment et incontestablement les armoiries de la FRANCE, et c'est par attribution représentative du pouvoir souverain, qu'elles sont devenues légitimement propriété héréditaire de la Maison de Bourbon.

Cette affirmation peut être prouvée d'une manière irréfutable par de nombreux arguments historiques, au nombre desquels il suffit de rappeler que, si les fleurs de lis ne constituèrent effectivement le sceau de France que depuis le règne de Louis VII, en 1137, on en retrouve de nombreux exemples dans les attributs des Rois Carlovingiens, dès le huitième siècle, ce qui ne permet pas de leur attribuer un caractère dynastique propre aux Rois Capétiens.

Enfin, l'écu d'azur à trois fleurs de lis d'or est si bien l'*emblème territorial de la France* autant que de sa *monarchie*, que le Roi d'Angleterre Henri V crut devoir en écarteler ses propres armoiries, pour affirmer ses prétentions à la couronne de France, quand, à la suite de la bataille

Il y aurait lieu, seulement, de ne pas sommer cet écu de la couronne royale, insigne de la monarchie ; il suffirait d'y substituer un *faisceau de licteur*, emblème représentatif de la souveraineté nationale. A cet attribut extérieur, nous proposerions de joindre des drapeaux tricolores, et d'entourer l'écu du collier de l'ordre national de la Légion d'honneur, ainsi que nous nous sommes permis de le représenter à la première page de cet ouvrage .

Avant d'entreprendre ce long répertoire, il nous paraît intéressant d'exposer, d'une manière sommaire et générale, les différentes origines auxquelles sont dues les armoiries municipales.

Les armoiries municipales des villes et communes de France, ont diverses origines qu'on peut répartir en cinq classes distinctes : la *féodalité*, *les seigneuries*, les *concessions royales*, les *attributions d'office* et le *choix des municipalités*..

Les *armoiries municipales d'origine féodale* remontent à l'époque de l'affranchissement des communes : lorsque ce grand mouvement politique et social se produisit, dès le douzième siècle, la plupart des cités qui entrèrent en possession de leurs droits communaux, durent faire le choix d'un sceau pour affirmer leurs actes, et c'est aux emblèmes qui composaient ces sceaux que furent empruntées plus tard les pièces et les figures de leurs blasons.

Les archives nationales, départementales et particulières possèdent de nombreux exemples de chartes d'affranchissement, ou d'actes de pouvoir communal, revêtus de ces sceaux qui tenaient lieu de signatures et leur donnaient authenticité (5).

A cette époque le droit de choisir des armoiries appartenait aux communes et aux corporations, aussi bien qu'aux seigneurs et chevaliers, et à leur imitation.

Les armoiries municipales dites *d'origine seigneuriale* ne sont autres que celles des familles qui doivent leur noms patronymiques aux localités dont elles possédaient la seigneurie. C'est ainsi qu'un grand nombre de communes ont conservé les écussons d'anciennes familles éteintes, et dont on retrouve les reproductions sur des pierres tombales datant des xve et xvie siècles.

Ultérieurement, beaucoup de communes s'approprièrent les armoiries des couvents, des abbayes, des évêchés et des chapitres dont elles étaient dépendantes, et auxquels elles payaient la dîme, parce qu'elles leur devaient leur origine et leur autonomie.

On nomme *armoiries de concession* celles qui ont été accordées par le pou-

---

d'Azincourt, il était maître et conquérant des trois quarts du Royaume.

Ses successeurs continuèrent à porter cet écu dans leurs sceaux jusqu'à l'avènement de la Reine Victoria, qui renonça à cette prétention ; mais la couronne royale d'Angleterre a conservé, encore aujourd'hui, quatre fleurs de lis qui s'élèvent entre les fermes de sa toque.

(Cette question a été l'objet d'une étude très savante et très documentée du vicomte Oscar de Poli, président du *Conseil héraldique de France*, dans son annuaire de 1897.)

(5) « Quand les villes, du treizième au quinzième siècles, furent affranchies par leurs seigneurs, elles prirent la plupart un sceau pour authenticiser les actes d'intérêt commun ; au quinzième siècle, quand l'usage des armoiries communales proprement dites se substitua aux emblèmes parlants, elles n'hésitèrent pas à suivre la mode et prirent un blason. Au seizième siècle, l'usage en était devenu général et la plupart des villes avaient leur type héraldique, déjà traditionnel, gravé sur leurs sceaux, peints sur leurs bannières ou sculptés sur leurs monuments. »

(J. Gauthier, *Revue de l'Art chrétien*, 1884, p. 487.)

voir souverain, à des communes à titre de privilèges ou marques d'honneur, en récompense de la part prise par leurs habitants à la défense du territoire, ou pour quelqu'autre service rendu à la chose publique.

Quelquefois cette concession ne comportait qu'une modification ajoutée aux armoiries anciennes des communes ; c'est ainsi que le droit de charger leur blason d'un chef aux fleurs de lis de France, fut accordé aux bonnes villes, au nombre de quarante seulement, dont les maires avaient le droit d'assister au sacre des rois (6).

L'origine des armoiries municipales *attribuées d'office* aux villes et communes remonte aux décrets fiscaux de 1696, qui imposèrent à toutes les corporations et municipalités, comme à tous les contribuables du royaume, l'obligation, moyennant redevance, de faire enregistrer leurs armoiries.

A défaut d'une déclaration faite dans les délais prescrits, les tributaires de ce singulier impôt, étaient l'objet de l'attribution d'un écu quelconque, dont le dessin était abandonné à la fantaisie des officiers des maîtrises qui étaient chargées de faire d'office les enregistrements.

Ces armoiries, purement fantaisistes, représentaient souvent de vulgaires jeux de mots, ou ne se composaient que de partitions simples ou de pièces quelconque, variant de métal ou d'émaux ; la plupart des cités n'en tinrent pas plus compte que les familles auxquelles elles étaient attribuées, mais il n'en est moins vrai qu'elles peuvent être considérées comme un droit consacré par une inscription qui remonte à plus de deux cents ans.

Enfin nous devons appeler *armoiries municipales de choix*, celles que se sont attribuées les villes et communes, en vertu de leur droit de faire usage d'un écu héraldique, et de le composer à leur choix.

Sous les anciens régimes, ces armoiries n'avaient d'authenticité qu'à la condition d'avoir été approuvées par le pouvoir royal (7) ; mais, aujourd'hui, depuis qu'il n'existe plus aucune réglementation officielle en cette matière, il ne peut être contesté aux municipalités de se choisir un écusson, à la seule condition de se conformer aux règles et principes de l'art héraldique.

On pourrait citer d'innombrables exemples de villes ayant adopté les emblèmes composant leurs blasons, pour perpétuer le souvenir de quelques circonstances de leur fondation et de leur histoire.

***

Au point de vue de la nature et de la composition de leurs blasons, on peut aussi distinguer en cinq catégories, les armoiries municipales :

---

(6) Ces quarante villes, qui jouissaient encore de ce droit au sacre de Charles X, en 1825, étaient : Abbeville, Aix, Amiens, Angers, Antibes, Avignon, Besançon, Bordeaux, Bourges, Caen, Cambrai, Carcassonne, Colmar, Cette, Clermont-Ferrand, Dijon, Grenoble, Lille, Lyon, Marseille, Metz, Montauban, Montpellier, Nancy, Nantes, Nîmes, Orléans, Paris, Pau, Reims, Rennes, La Rochelle, Rouen, Strasbourg, Toulon, Toulouse, Tours, Troyes, Versailles et Vesoul.

Sous l'Empire, un décret en date du 22 juin 1804 réduisit à trente-six le nombre des *bonnes villes*, auxquelles fut octroyé le privilège de sommer leur écu d'un chef *de gueules à trois abeilles d'or*, et dont les maires eurent droit de présence à la cérémonie du baptême du Roi de Rome, en 1811.

Dans cette liste des *bonnes villes impériales*, furent comprises Turin, Bruxelles, Anvers, Gand, Liège, Aix-la-Chapelle, Alexandrie, Genève, Mayence et Nice.

(7) Une loi financière du 28 avril 1816 imposa les armoiries municipales d'un droit d'enregistrement qui devait être payé « préalablement à l'expédition des lettres patentes délivrées par le conseil du sceau des titres. »

Cette taxe, qui, pour « le renouvellement d'anciennes armoiries », n'était que de 150 francs pour les villes de première classe, de 100 francs pour les villes de deuxième classe et de 50 francs pour celles de troisième classe, mais s'élevait jusqu'à 720 francs pour l'enregistrement d'armoiries nouvelles pour les villes qui n'en avaient pas encore.

1° Celles qui sont purement *héraldiques*, c'est-à-dire composées de partitions, de figures ou de meubles n'ayant aucune justification significative ;

2° Les *armoiries parlantes*, dont les figures rappellent le nom des communes auxquelles elles appartiennent : telles sont les armoiries d'Arras, dont la face d'argent est chargée de trois rats de sable ; de Châteauroux, d'argent au château de gueules ; de Tours, à trois tours d'argent ; de Lyon, de gueules au lion d'or ; enfin, tous les écus chargés d'un château, de Châteaulin, Château-Thierry, Neufchâteau, Castellane, Châtillon, etc. ; ou d'un pont telles que les écus de Pont-Audemer, de Pontoise, etc. ;

3° Les *armoiries de privilèges* qui ont pour origine une concession royale, comme le chef de France, d'azur à trois fleurs de lis d'or, qui somme les écus des *bonnes villes ;* rangeons dans cette classe les armes des villes ayant reçu de nos jours, la croix de la Légion d'honneur ;

4° Certaines dispositions ou figures ont un *caractère commémoratif*, de faits historiques importants, telles les trois clefs, attributives des papes, qui forment les armes d'Avignon ; le berceau et la date du 27 septembre 1636, données à la ville de Saint-Germain, en souvenir de la naissance de Louis XIV, etc. ;

5° Enfin, les *armoiries allégoriques* dont les meubles représentent une situation géographique ou des industrie ou produits locaux ; le vaisseau de Paris rappelle l'origine nautique des premiers habitants de notre capitale ; un vaisseau occupe aussi les écus de beaucoup de villes maritimes, telles que Nantes, La Rochelle, Lorient, Dieppe, etc. ; des gerbes de blé, des charrues ou des herses forment les armes de beaucoup de localités purement agricoles ; souvent ces exemples sortent tout à fait du domaine héraldique, ainsi que les bobines à tisser de la Ville de Roubaix.

—————

Terminons enfin ce rapide exposé des différentes origines des armoiries municipales, en faisant observer que la composition intérieure de l'écu constitue seule les armoiries d'une cité, comme celle d'une famille ; jamais, en effet, l'art héraldique n'a établi de règles et de principes en ce qui concerne les *ornements extérieurs à l'écu,* sauf pour le droit aux couronnes, quelques marques distinctives de charges de cour ou de fonctions publiques, et enfin de rares exemples de marques extérieures à l'écu, qui ont pour origine des concessions spéciales ou des traditions historiques commémoratives.

Dans cet ARMORIAL DES VILLES DE FRANCE, nous nous bornerons donc à blasonner simplement les armoiries municipales, et à en présenter le dessin héraldique aussi exactement que possible, sans tenir compte des ornements plus ou aucun moins fantaisistes dont certaines villes ont l'usage d'orner leurs écus.

Nous ne ferons toutefois à cette règle que quelques rares exceptions, pour signaler les devises dont plusieurs villes jouissent traditionnellement.

Il y a lieu de regretter les très nombreuses lacunes qui se présenteront forcément dans notre travail ; beaucoup de chefs lieux de cantons, en effet, n'ont jamais fait usage, et ne possèdent pas d'armoiries municipales.

Qu'il nous soit permis d'espérer que, dans un avenir prochain, toutes ces lacunes se combleront et qu'une seconde édition de l'ARMORIAL DES VILLES DE FRANCE sera complétée par la description des écus de tous les chefs-lieux de cantons.

On ne peut contester, en effet, pas plus aujourd'hui que sous les anciens régimes, le droit qui appartient à toutes les communes de se choisir des armoiries, de même que toute association, toute corporation, même toute entreprise, peut faire choix d'une firme ou d'un emblême (8).

En raison de l'intérêt que présente l'usage d'une marque distinctive comme pour toutes les œuvres et toutes les sociétés représentant une réunion de concours et d'efforts de concitoyens d'un même canton, n'est-il pas logique de proposer aux municipalités de jouir de leur droit d'adopter un écusson municipal?

Pour le choix de ces armoiries nouvelles, à défaut de documents authentiques permettant de relever l'usage d'anciens sceaux tombés en désuétude, il est toujours facile de trouver dans les origines d'une commune, dans son histoire dans le caractère de ses productions locales, des emblêmes pouvant fournir les éléments d'une composition héraldique.

Signalons, à ce sujet, l'opinion émise par plusieurs savants héraldistes, que toute commune peut, de droit, relever pour elle les armoiries de ses plus anciens seigneurs.

L'authenticité de ces armoiries nouvelles résulterait d'une délibération du Conseil municipal, et, à défaut d'une sanction officielle, royale ou nationale, que nos institutions ne permettent plus, elles recevraient confirmation d'une date certaine par un enregistrement public.

Ajoutons, enfin, qu'aucun motif ni aucune prohibition légale ne s'opposerait à ce que le Gouvernement de la République en permit l'inscription dans des registres spéciaux tenus à cet effet à la chancellerie du *ministère de la Justice*, à la *Bibliothèque nationale* et dans les bureaux de la Préfecture de chaque département.

Paris, Janvier 1902

Comte HALLEZ d'ARROS.

---

(8) La question du droit des communes à se choisir des armoiries a été l'objet d'intéressantes controverses dans l'*Intermédiaire des Chercheurs et des curieux*. Elles ont été magistralement résumées par M. Léon Germain, secrétaire perpétuel de la Société d'archéologie lorraine, dans la préface de l'*Armorial de la Somme*, publié en 1895 par M. R. de Figuères.

Il fait observer très judicieusement, à propos des droits fiscaux imposés aux villes, en 1816, que « le fait d'exiger une taxe d'enregistrement ne détruit pas le droit de création de la matière imposable ». Il ajoute que « s'il convient que les armoiries qu'adopte une commune soient reconnues par l'État » il ne s'ensuit pas la moindre restriction au droit absolu et positif qu'a toute municipalité de s'en attribuer spontanément, en dehors de toute concession royale.

L'ARMORIAL DES VILLES DE FRANCE

RECUEIL COMPLET

DES ARMOIRIES MUNICIPALES

des Chefs-Lieux de Départements, d'Arrondissements et de Cantons

Se composera de 92 fascicules, publiés séparément, et ainsi répartis :

1° Titre et introduction......................	1 fascicule
2° Armorial des provinces....................	2 —
3° Armoriaux des départements................	87 —
4° Armorial d'Alsace-Lorraine.................	1 —
5° Modèles d'attributs extérieurs et tables générales	1 —
Total.......................	92 fascicules

Chaque fascicule comprendra 8, 12 ou 16 pages, avec reproductions des armoiries en couleurs, et sera mis en vente séparément, sous couverture spéciale, au prix de CINQ FRANCS.

La souscription à l'ensemble de l'ouvrage, qui formera deux forts volumes grand in 8°, est fixée au prix de DEUX CENT CINQUANTE FRANCS, payables, moitié en souscrivant, et moitié après la livraison du dernier fascicule.

Un tirage spécial et numéroté, sur papier de Hollande, sera réservée aux cent premiers souscripteurs à l'ouvrage complet.

Cinquante exemplaires de ce tirage, enluminés à la main, seront mis en vente au prix de 10 FRANCS par fascicule départemental.

RÉPERTOIRE COMPLET

DES

ARMOIRIES MUNICIPALES

des Chefs-lieux de Départements, d'Arrondissements et de Cantons

Établi et publié

D'APRÈS LES DOCUMENTS OFFICIELS ET HISTORIQUES

ET PRÉCÉDÉ D'UN

Armorial des Anciennes Provinces Françaises

par

Le Cte HALLEZ D'ARROS & ROGER DE FIGUÈRES

Membres du Conseil Héraldique de France

DÉPARTEMENT

DE

SEINE-ET-OISE

BUREAU ET ARCHIVES DE L'ARMORIAL DES VILLES DE FRANCE
16, Rue de Berlin, 16. — PARIS

1902

RÉPERTOIRE COMPLET

DES

ARMOIRIES MUNICIPALES

des Chefs-lieux de Départements, d'Arrondissements et de Cantons

Établi et publié

D'APRÈS LES DOCUMENTS OFFICIELS ET HISTORIQUES

ET PRÉCÉDÉ D'UN

Armorial des Anciennes Provinces Françaises

par

Le Cte HALLEZ D'ARROS & ROGER DE FIGUÈRES

Membres du Conseil Héraldique de France

DÉPARTEMENT DE SEINE-ET-OISE

VERSAILLES

BUREAU ET ARCHIVES DE L'ARMORIAL DES VILLES DE FRANCE

16, Rue de Berlin, 16. — PARIS

1902

SEINE-ET-OISE

Taillé dans l'ancienne province de l'ILE DE FRANCE, ce département comprend une petite partie de la *Brie française*, (dont le chef-lieu, Brie Comte Robert, a été dévolu au département de Seine-et-Marne,) avec ses villes principales, Corbeil, Villeneuve-Saint-Georges et Brunoy ; — le *Hurepoix*, comprenant le *Josas*, entre la *Brie* et la *Bauce*, et le *Mantois* ; il s'étendait de Corbeil jusqu'à Chartres, mais ses limites ne sont pas exactement connues ; — la *Bauce*, dont les villes principales étaient Etampes et la Ferté-Alais ; — le *Mantois*, dit aussi le *Mantouan*, comprenant le *Pincerais*, chef-lieu Poissy ; — enfin, le *Vexin français*, composé de l'immense plateau de Marines, et dont la capitale était Pontoise.

Chef-lieu du Département

VERSAILLES. — « D'azur à trois fleurs de lis d'or, qui est *de France*, au chef d'argent chargé d'un coq à deux têtes, naissant, au naturel. »

Armes votées en 1789 par le conseil municipal, pour être peintes sur les drapeaux de la Garde Nationale.

Chefs-lieux d'Arrondissements

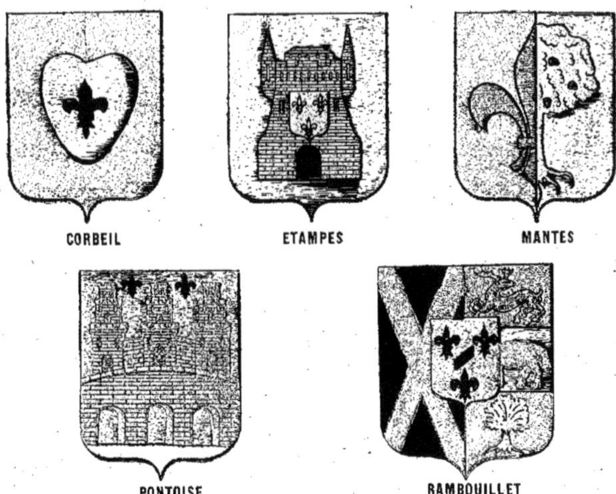

CORBEIL. — « D'azur au cœur de gueules rempli d'une fleur de lis d'or. »
Devise : « *Cor bello parceque fidum.* »

ETAMPES. — « De gueules à la tour crénelée d'or, flanquée de deux guérites de même, et chargée d'un écusson de France, brisé en cœur d'un bâton raccourci et péri en bande de gueules, chargé de trois lionceaux d'argent. »

(Lettres régistrées le 14 mai 1819.)

MANTES. — « Parti d'azur à la fleur de lis d'or défaillante à senestre du parti, et de gueules au chêne de sinople englandé d'or, défaillant à dextre du parti. »
Devise : « *Ex utroque.* »

PONTOISE. — « D'azur au pont de trois arches d'argent, supportant trois tours crénelées de même, surmontées d'un tourillon aussi de même, sur une rivière au naturel ; — la tour du milieu accompagnée en chef de deux fleurs de lis d'or. »

RAMBOUILLET. — « Mi-parti : de sable au sautoir d'argent, et tiercé en face, d'or au cerf contourné au naturel, de gueules au mouton d'argent, et d'argent à l'arbre de sinople. — Sur le tout de France au bâton péri en barre de gueules. »
Devise : « *Semper erecta.* »

Chefs-lieux de Cantons

1e ARRONDISSEMENT DE VERSAILLES

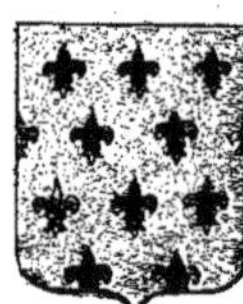
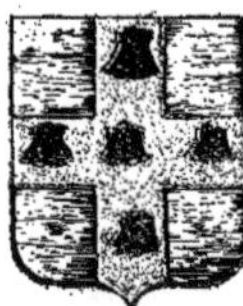
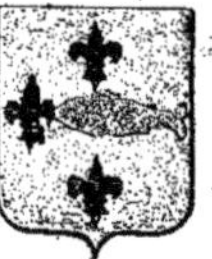

ARGENTEUIL   MEULAN   PALAISEAU   POISSY   ST-GERMAIN-EN-LAYE

ARGENTEUIL. — Semé de France à la sainte tunique d'or. »

(Armoiries de l'ancienne abbaye d'Argenteuil fondée en 665.)

N. B. — C'est par erreur que quelques héraldistes ont attribué à cette commune un écu *d'argent à trois macles de gueules posées 2 et 1.* Ce sont les armoiries de *Le Bacle,* marquis d'Argenteuil, localité du département de l'Yonne.

MARLY-LE-ROI. — *N'a pas d'armoiries municipales.*

MEULAN. — « D'azur semé de fleurs de lis d'or. » (*De France ancien.*)

PALAISEAU. — « De gueules à la croix d'argent chargée de trois coquilles de sable. »

POISSY. — D'azur à un poisson d'argent posé en fasce, accosté à dextre d'une fleur de lis d'or, et, accompagnée de deux autres fleurs de lis de même, une en chef, l'autre en pointe. »

SAINT-GERMAIN-EN-LAYE. — « D'azur à un berceau semé de fleurs de lis d'or, accompagné au second point en chef d'une fleur de lis aussi d'or, et en pointe de la date : 5 septembre 1638. »

(Cette ville fut autorisée par lettres patentes registrées le 30 décembre 1820 à prendre ces armoiries, en mémoire de la naissance de Louis XIV.)

SÈVRES. — *N'a pas d'armoiries municipales.*

2ᵉ ARRONDISSEMENT DE CORBEIL

ARPAJON. — « Ecartelé au 1 de Toulouse — au 2 d'argent à quatre pals de gueules, (Severac) ; — au 3 de gueules à la harpe d'or, (Arpajon) ; — au 4 de France au bâton péri en barre. (Bourbon Roussillon); — sur le tout de gueules à la croix d'argent. »

(Armoiries adoptées par le Conseil municipal.)

BOISSY-SAINT-LEGER. — *N'a pas d'armoiries municipales.*

LONGJUMEAU. — « Coupé, d'argent semé de trèfles de sinople, à deux taux de gueules brochant sur le tout ; — et de gueules semé de trèfles d'or, et deux papegeais affrontés au naturel, brochant sur le tout. »

(Les armes de Gaillard, marquis de Longjumeau, étaient : « d'argent semé de trèfles de sinople, à deux taux de gueules en chef, surmontant deux papegeais affrontés de sinople.)

ARPAJON

LONGJUMEAU

LA-FERTÉ-ALAIS

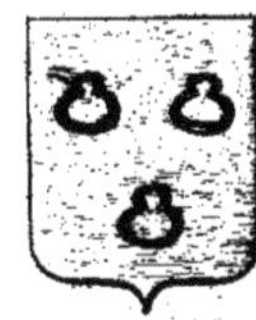

MILLY

3ᵉ ARRONDISSEMENT D'ÉTAMPES

LA FERTE ALAIS. — « D'or à l'aigle de gueules, becquée et membrée de sable. »

MEREVILLE. — *N'a pas d'armoiries municipales.*

MILLY. — « De gueules à trois fermeaux d'argent. »

(L'origine de ces armoiries, adoptées par le Conseil municipal, est inconnue. — Les plus anciens seigneurs de Milly, usaient, dès le XIIIᵉ siècle, d'un sceau composé d'un lion rampant. — Voir l'Inventaire des titres de la Maison de Milly, par le Vte O. de Poli.)

4ᵉ ARRONDISSEMENT DE MANTES

BONNIÈRES

HOUDAN

LIMAY

MAGNY-EN-VEXIN

BONNIÈRES. — *Cette commune ne fait pas usage de ses armoiries municipales, qui devraient être celles de ses plus anciens seigneurs (1478)* : « D'azur à une croix d'or alaisée et accompagnée de trois étoiles de même. »

HOUDAN. — « De gueules à la tour d'argent crénelée de cinq pièces, maçonnée et ouverte de sable, sommée d'un tourillon aussi d'argent et crénelé, au chef de France ancien. »

LIMAY. — *Cette commune, dont la municipalité ne fait pas usage d'armoiries, pourrait revendiquer le droit à l'écu de France,* « d'azur à trois fleurs de lis d'or. »

(Ce fut en effet un privilège qui résulte de l'acte de fondation de l'abbaye des Célestins, sur lequel Charles V apposa pour la première fois les armoiries royales réduites à trois fleurs de lis, en l'honneur de la Sainte-Trinité, en 1376.)

MAGNY-EN-VEXIN. — « D'azur au chevron d'or, accompagné en chef de deux fleurs de lis d'or et en pointe d'une croix ancrée de même, et, sur le tout d'or à la salamandre de gueules. »

(Armes octroyées par François Iᵉʳ, de 1545 à 1559.)

3ᵉ ARRONDISSEMENT DE PONTOISE

GONESSE

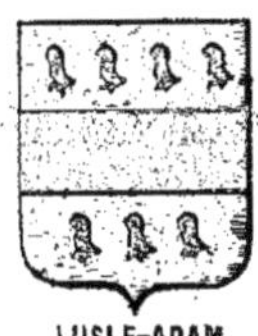

L'ISLE-ADAM

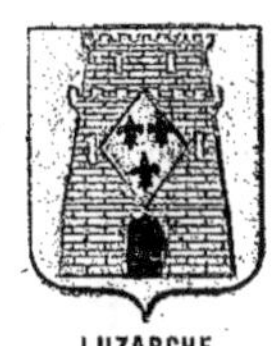

LUZARCHE

MARINES

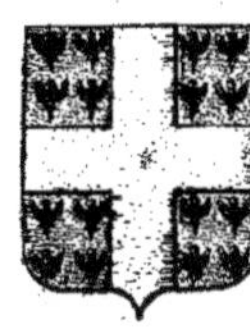

MONTMORENCY

LE RAINCY

ECOUEN. — *N'a pas d'armoiries municipales.*

GONESSE. — « De gueules à la tour d'argent, accostée à dextre d'une gerbe de blé d'or, et à sénestre d'un gond et d'un S entrelacés aussi d'or ; — au chef cousu de France ancien. »
(*Armes choisies par la municipalité.*)

L'ISLE-ADAM. — « De gueules à la fasce d'argent, accompagnée de sept merlettes, (ou alérions), du même, posées quatre en chef et trois en pointe. »

LUZARCHE. — « De sinople à une tour crénelée et donjonnée d'argent, char-gée d'un écu en lozange d'azur à trois fleurs de lis d'or. »
(*Ancien sceau municipal.*)

MARINES.— « De gueules à trois épées d'argent, empoignées d'or ; — au chef du même chargé d'un croissant accosté de deux roses, le tout du champ. »

MONTMORENCY. — « D'or à la croix de gueules cantonnée de seize alérions d'azur. »

RAINCY. — *Cette commune n'a pas d'armoiries municipales, mais a droit à celles de la famille qui lui a donné son nom :* « De gueules à deux fasces d'or. »

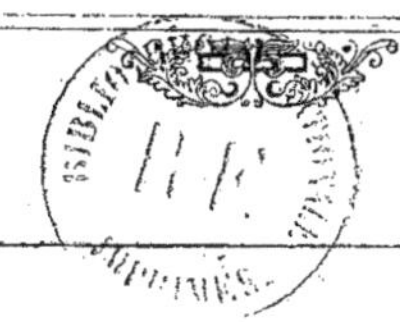

6° ARRONDISSEMENT DE RAMBOUILLET

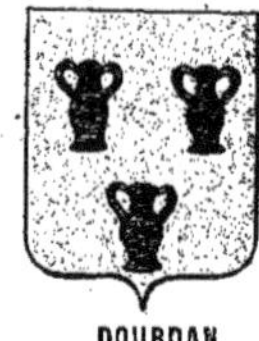
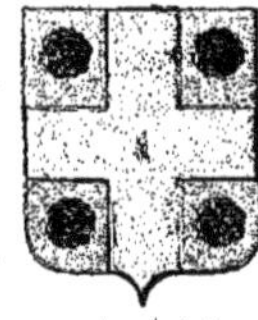

CHEVREUSE	DOURDAN	LIMOURS	MONTFORT-L'AMAURY

CHEVREUSE. — « D'argent à la croix de sable chargée de cinq molettes d'or, et contournée de quatre lionceaux d'azur. »

DOURDAN. — « D'azur à trois pots de fleurs à deux anses d'or. »

LIMOURS. — « D'argent à la croix d'azur cantonnée de quatre quintefeuilles de gueules. »

(Ancien sceau municipal.)

MONTFORT L'AMAURY. — « De gueules au lion d'argent, la queue fourchée; — au chef de Bretagne. »

(Souvenir de la Reine Anne.)

Les armes primitives de la famille seigneuriale de Montfort étaient : « Emanché d'argent et de gueules, » ainsi qu'elles sont représentées sur les vitraux de la cathédrale de Chartres.

www.ingramcontent.com/pod-product-compliance
Ingram Content Group UK Ltd.
Pitfield, Milton Keynes, MK11 3LW, UK
UKHW021721090726
13657UKWH00005B/2380